T0193311

essentials

essentials liefern aktuelles Wissen in konzentrierter Form. Die Essenz dessen, worauf es als „State-of-the-Art" in der gegenwärtigen Fachdiskussion oder in der Praxis ankommt. *essentials* informieren schnell, unkompliziert und verständlich

- als Einführung in ein aktuelles Thema aus Ihrem Fachgebiet
- als Einstieg in ein für Sie noch unbekanntes Themenfeld
- als Einblick, um zum Thema mitreden zu können

Die Bücher in elektronischer und gedruckter Form bringen das Fachwissen von Springerautor*innen kompakt zur Darstellung. Sie sind besonders für die Nutzung als eBook auf Tablet-PCs, eBook-Readern und Smartphones geeignet. *essentials* sind Wissensbausteine aus den Wirtschafts-, Sozial- und Geisteswissenschaften, aus Technik und Naturwissenschaften sowie aus Medizin, Psychologie und Gesundheitsberufen. Von renommierten Autor*innen aller Springer-Verlagsmarken.

Andrea Amerland · Eva-Susanne Krah ·
Angelika Breinich-Schilly

Best of springerprofessional.de: Wirtschaft im Gespräch

Andrea Amerland
Springer Fachmedien Wiesbaden GmbH
Wiesbaden, Deutschland

Eva-Susanne Krah
Springer Fachmedien Wiesbaden GmbH
Wiesbaden, Deutschland

Angelika Breinich-Schilly
Springer Fachmedien Wiesbaden GmbH
Wiesbaden, Deutschland

ISSN 2197-6708   ISSN 2197-6716 (electronic)
essentials
ISBN 978-3-658-39451-6   ISBN 978-3-658-39452-3 (eBook)
https://doi.org/10.1007/978-3-658-39452-3

Die Deutsche Nationalbibliothek verzeichnet diese Publikation in der Deutschen Nationalbibliografie; detaillierte bibliografische Daten sind im Internet über http://dnb.d-nb.de abrufbar.

Planung/Lektorat: Guido Notthoff
Springer Gabler ist ein Imprint der eingetragenen Gesellschaft Springer Fachmedien Wiesbaden GmbH und ist ein Teil von Springer Nature.
Die Anschrift der Gesellschaft ist: Abraham-Lincoln-Str. 46, 65189 Wiesbaden, Germany

Was Sie in diesem *essential* finden können

- Wichtige Hinweise auf in klassische Fehler von Führungskräften
- Interessante Ausblicke auf die weitere Entwicklung von Präsenz- und Homeoffice-Kultur
- Aktuelle Rechtsprechung zur Überstundenvergütung
- Erkenntnisse zur Steigerung des Digitalisierungsdrucks durch die Corona-Pandemie
- Einschätzung hochkarätiger Experten zur weiteren Entwicklung der Digitalisierung

Vorwort

Die Redaktion unseres Wissensportals springerprofessional.de beobachtet aktuelle Entwicklungen und Trends in zehn Fachgebieten aus Wirtschaft und Technik. Die Kolleg*innen treten dazu auch mit Branchenkennern in Kontakt und befragen sie nach ihrer Einschätzung der aktuellen Ereignisse. In diesem *essentials* haben wir für Sie Interviews mit Wirtschafts-Experten zusammengefasst, die von unseren mehr als 300.000 Nutzern besonders häufig gelesen wurden und damit über den Tag hinaus Bedeutung haben. Diese Gespräche fungieren als Trendbarometer für künftige Entwicklungen.

Ich wünsche Ihnen einen hohen Erkenntnisgewinn und auch ein bisschen Spaß beim Lesen

Stefanie Burgmaier
Geschäftsführerin Springer Fachmedien Wiesbaden GmbH

Inhaltsverzeichnis

Über die Autorinnen

Andrea Amerland arbeitet seit März 2012 bei springerprofessional.de. Als Redakteurin verantwortete sie zunächst die Ressorts Marketing sowie PR & Medien. Aktuell betreut sie das Fachgebiet Management + Führung. Zuvor war sie als (Online-)Redakteurin im öffentlich-rechtlichen Rundfunk, in der Unternehmenskommunikation sowie in einer Internetagentur tätig. Sie hat Germanistik, Geschichte, Kulturanthropologie und Journalistik an der Johannes-Gutenberg-Universität Mainz studiert. Andrea Amerland ist in Niedersachsen aufgewachsen und hat ihren Lebensmittelpunkt im Rhein-Main-Gebiet.
https://www.springerprofessional.de/management---fuehrung/andrea-amerland/255504

Eva-Susanne Krah ist Chefredakteurin der Springer-Zeitschrift Sales Excellence bei Springer Fachmedien Wiesbaden GmbH und zudem Online-Redakteurin für Marketing + Vertrieb bei Springer Professional. Sie schreibt vor allem über die Themenschwerpunkte Vertriebsmanagement und Vertriebsstrategien.
https://www.springerprofessional.de/marketing---vertrieb/eva-susanne-krah/724590

Angelika Breinich-Schilly arbeitet seit April 2018 bei Springer Nature und ist als Redakteurin und Channelmanagerin verantwortlich für das Fachgebiet Finance + Banking von springerprofessional.de. Sie ist seit 2001 als Wirtschaftsredakteurin in verschiedenen Branchen tätig. Zu ihren Schwerpunkten gehören neben den Bereichen Finanzen, Banken und Recht auch Industrie und Logistik.
https://www.springerprofessional.de/finance---banking/angelika-breinich-schilly/15587506

"Ignoranz versucht, einen anderen zum Nichts zu machen": Coaching

Andrea Amerland

Interviewt wurde: Lilo Endriss ist Diplompsychologin in Hamburg. Sie ist Trainerin, Existenzgründungsberaterin, zertifizierter Coach für die Managementberatung und Autorin (Abb. 1).

Sie wirken auf den ersten Blick harmlos: Ignoranzfallen am Arbeitsplatz. Dabei handelt es sich um Mobbing, um subtile seelische Gewalt, die Mitarbeitern an die Nieren geht. Springer-Autorin Lilo Endriss erklärt im Interview, warum Ignoranzfallen so tückisch sind.

Springer Professional: Sie übertragen den Begriff 'Ignoranzfalle' aus der Psychologie in die Arbeitswelt. Was versteht der Psychologe darunter und wie funktionieren Ignoranzfallen in der Berufswelt?
Lilo Endriss: Das Wort Ignoranzfalle ist in diesem Zusammenhang eine eigene Wortschöpfung und soll darauf hinweisen, dass ein Angreifer das Selbstwertgefühl des anderen mittels entwertender Verhaltensweisen untergraben und ihn damit schachmatt setzen kann, wenn dieser dieses üble Spiel nicht durchschaut. Werden von einer Person entwertende Verhaltensweisen auf Dauer und absichtlich einer anderen Person gegenüber eingesetzt, dann sprechen Psychologen von subtiler seelischer Gewalt, die das Ziel hat, den Angegriffenen zu zermürben. Dies ist eine Sonderform des Mobbing.

Warum sind diese Ignoranzfallen in der Arbeitswelt so problematisch?
Ignorante Verhaltensweisen wie jemanden auszugrenzen oder durch Nichtbeachtung zu strafen sind mittlerweile sehr stark verbreitet, gehören in manchen Bereichen des Berufslebens schon fast zum Stil des Hauses. Auf der anderen Seite weiß man nicht erst seit Joachim Bauers Veröffentlichungen zum Thema "Spiegelneuronen", wie wichtig das emotionale Mitschwingen, die Empathie, für

© Springer Fachmedien Wiesbaden GmbH, ein Teil von Springer Nature 2022
A. Amerland et al., *Best of springerprofessional.de: Wirtschaft im Gespräch*,
essentials, https://doi.org/10.1007/978-3-658-39452-3_1

Abb. 1 © Regine
Christiansen I Lilo Endriss

das Selbstbild und ein gesundes Selbstwertgefühl des Menschen ist. Selbst Kritik oder verbale Angriffe nehmen das Gegenüber noch als existent an. Ignoranz versucht, einen anderen zum Nichts zu machen. Was viele Menschen nicht wissen: Die dadurch ausgelösten Kränkungen und Ohnmachtsgefühle können krank machen. So entstehen dem Unternehmen nicht nur zusätzliche Kosten, sondern sie verlieren auch wertvolle Mitarbeiter.

Nicht Zuhören, Anfragen nicht beantworten, zum Meeting ohne Absage nicht erscheinen etc. sind Verhaltensweisen, die gerne mit Überlastung und Arbeitsdichte entschuldigt werden. Ist das wirklich die Hauptursache für diese subtile Form des Mobbing oder gibt es noch andere Gründe und Spielarten?
Natürlich gibt es unverfängliche Ursachen, warum ein Mitarbeiter sich gelegentlich ignorant verhält, etwa dadurch, dass er schlecht hört oder sieht. Oder weil er unter Reizüberflutung leidet oder kein Typ für Multitasking ist. Hier muss man diagnostisch genau unterscheiden. Problematisch wird es, wenn der Ignorant sich absichtlich entwertend verhält, etwa weil er das Bedürfnis hat, die Vitalität des Anderen zu schmälern oder weil Neid, Eifersucht und Rache eine Rolle spielen. Dazu kommt auch noch jede Form von Suchtverhalten wie etwa der gesellschaftlich akzeptierte Alkoholkonsum oder leistungssteigernde Mittel. Gerade besonders feinfühlige kreative Mitarbeiter werden gerne heimlich ins Visier genommen, da sie häufig arglos sind und niemals auf die Idee kommen, dass man ihnen persönlich übel will.

Was können Personalverantwortliche gegen das Ignoranz-Problem tun?
Personalverantwortliche sollten Betroffene und deren Gefühle ernst nehmen, sich mit den psychologischen Mechanismen dieses Problems vertraut machen, die

Auswirkungen auf die Gesundheit der Mitarbeiter kennen und überprüfen, ob tatsächlich subtile seelische Gewalt vorliegt. Denn leider wirkt Ignoranz auch dann, wenn sie unbeabsichtigt geschieht ... Am effektivsten ist natürlich, möglichst viel Transparenz und Wissen zu diesem Thema in das Unternehmen hineinzubringen. Falls dies nicht möglich ist, sollten sie zur Stützung von Mitarbeitern Fachleute zu Rate ziehen.

Wie können sich Mitarbeiter gegen subtile seelische Gewalt schützen?
Betroffene sollten das Ignoranz-Problem erkennen und benennen können. Wichtig ist dann, dass sie es sich angewöhnen, weniger darauf zu achten, dass Ignoranz ausgeübt wird, sondern wie sie eingesetzt wird. Wenn man lernt, sozusagen durch die diagnostische Brille zu schauen, dann gewinnt man Abstand zur Verwicklung in entwertende Situationen. Des Weiteren hilft es, sich einmal klar zu machen, inwieweit das Selbstbild beziehungsweise das Selbstwertgefühl tatsächlich am Arbeitsplatz von der Anerkennung und Bestätigung einer dafür ungeeigneten Person abhängig ist. Ein kompetenter Gesprächspartner innerhalb oder außerhalb kann einem dabei oft den Rücken stärken.

Dummerweise sind es oft die Führungskräfte selbst, die ihre Mitarbeiter nicht wahrnehmen, an sie adressierte Probleme nicht lösen und Reaktionen verweigern. Was raten Sie in diesen Fällen?
Dokumentieren Sie sämtliche Vorfälle, damit Sie etwas in der Hand haben, falls es etwa zu arbeitsrechtlichen Konsequenzen kommen sollte. Verändern Sie Ihre Art, mit Ihrem Vorgesetzten zu kommunizieren: Fordern Sie höflich, aber nachdrücklich Reaktionen ein, notfalls mit ungewöhnlichen Mitteln. Hinterfragen Sie Ihre Haltung gegenüber von Autoritäten. Suchen Sie sich Verbündete, damit Sie Zeugen dieser Art von Kommunikation haben. Und verzichten Sie darauf, solche Situationen allein durchstehen zu müssen.

Zur Nachverfolgung der enthaltenen Literaturhinweise siehe https://www.springerprofessional.de/coaching/stressmanagement/ignoranz-versucht-einen-and eren-zum-nichts-zu-machen/6601132

„Die Liste der Demotivations-Grausamkeiten ist lang": Führungsqualität

Andrea Amerland

Interviewt wurde: Silke M. Jürgensen ist Organisationspsychologin und berät Unternehmen (Abb. 1).

Motivierende Mitarbeiterführung ist für manche Chefs nach wie vor eine Kunst. Während beim einen der Kontrollzwang regiert, waltet beim anderen Laissez-Faire-Haltung. Wie so oft liegt der beste Weg in der Mitte, so Springer-Autorin Silke M. Jürgensen im Interview.

Springer Professional: Ende der Machtposition!?, fragen Sie im Titel Ihres Buches. Warum fällt es noch immer so vielen Chefs schwer, Kontrolle in ihrer Führungsrolle abzugeben?

Silke M. Jürgensen: Es geht nicht darum, Kontrolle ganz abzugeben, sondern um eine Balance aus Vertrauen und Kontrolle, die Freude und Erfolg fördert, statt zu verhindern. Wenn das nicht klappt, gibt es sehr unterschiedliche Ursachen. Manchmal liegt es schlicht an einer nicht zeitgemäßen Sicht auf Mitarbeiterführung à la: Chefs sind dazu da, Mitarbeitern zu sagen, was sie zu tun haben, und dies detailliert zu kontrollieren.

Manche Führungskräfte denken, sie können es besser als ihre Mitarbeiter. Wenn nicht Führungspotenzial, sondern Fachexpertise als wichtigstes Auswahlkriterium für Führungskräfte gilt, ist das ja tatsächlich oft so. Es wird nur nicht besser, wenn der Chef immer eins draufsetzt und der Mitarbeiter sich denkt: „Was soll ich mir bis ins Letzte Gedanken machen? Meine Führungskraft sagt mir ohnehin, wie sie es haben will beziehungsweise macht ja am Ende sowieso den Feinschliff." So kommt oft folgender Teufelskreis in Gang: „Mein Chef übergibt mir keine Verantwortung" vs. „Mein Mitarbeiter übernimmt keine Verantwortung". Enge Kontrolle kuriert dann nur am Symptom. Auch verbreitet sind in diesem Zusammenhang Unsicherheit, Kompensation mangelnden Selbstwerts, Geltungsdrang, aber auch Angst vor Konsequenzen, wenn etwas schief geht.

A. Amerland et al., *Best of springerprofessional.de: Wirtschaft im Gespräch*, essentials, https://doi.org/10.1007/978-3-658-39452-3_2

Abb. 1 © Silke M.
Jürgensen

Inwiefern profitiert die Führungsqualität, wenn Teams eigenverantwortlicher arbeiten?
Einer meiner Auftraggeber formulierte mal sehr treffend: „Je mehr ich delegierte, desto größer wurde mein Einfluss". Der Erfolg einer Führungskraft ist ja kein individueller Erfolg mehr, sondern vermittelt durch ihr Team. Haben Sie ein starkes Team, fällt das ebenso auf Sie zurück, wie wenn Sie über Ihre unfähigen Mitarbeiter jammern.

Und wenn Sie selbst ständig mit aufgekrempelten Ärmeln im Maschinenraum werkeln, kommen Sie Ihrer eigentlichen Führungsaufgabe meist nicht ausreichend nach. Dazu gehört, sich auf die Zukunft vorzubereiten, anstatt nur den Erfolg von heute zu sichern. Nur so können Sie auf fortgeschrittenem Level erfolgreich sein. Ein Fußballtrainer ist auch nur gut, wenn er Profi darin ist, sein Team erfolgreich zu machen. Nicht, wenn er selbst den ganzen Tag spielt.

Weniger Macht heißt nicht automatisch weniger Führung. Wie kann Führungskräften der Spagat zwischen Laissez-faire und Mr. Kontrolletti gelingen?
Ganz genau – es gibt Führungskräfte, die Selbstorganisation mit Laissez-faire verwechseln. Aber auch weitverbreitete Irrtümer rund um Kontroll- und Anreizsysteme machen letztlich die Führungskraft überflüssig und untergraben echte Motivation und Spitzenleistung.

Moderne Mitarbeiterführung ist quasi Dienstleistung für beste Leistungsfähigkeit, -möglichkeit und -bereitschaft. Es geht darum, das Team zu unterstützen, stark zu sein – und zukünftig zu bleiben. Kontrolle dient nicht primär der Prüfung des Mitarbeiters, sondern ist positive Aufmerksamkeit für das Team und letztlich Qualitätscheck für die eigene Führungsarbeit: Passt alles? Oder brauchen meine Mitarbeiter etwas von mir – sei es eine Information, Instruktion, Feedback, Entscheidung, Austausch, Arbeitsmittel? Muss ich mein Führungsverhalten nachjustieren? Das ist eine ganz andere Perspektive auf die Führungsaufgabe Kontrollieren.

Es gibt zudem individuelle Unterschiede, wie viel Aufmerksamkeit und Feedback Menschen brauchen. Da wir selbst die Wirkung unseres Verhaltens auf andere nur begrenzt einschätzen können, gilt im Zweifelsfall: Fragen Sie Ihre Mitarbeiter, etwa ob die Balance zwischen Vertrauen und Hinschauen passt. Wohl dem, der ein so gutes Verhältnis zu seinem Team aufgebaut hat, dass er Wünsche und Ideen zu hören bekommt. Das hängt stark davon ab, wie Sie reagieren, vor allem wenn Sie mal Kritik hören.

Wie Mitarbeiterführung wirklich gelingt, heißt der Untertitel Ihres Buches. Das möchte ich Sie auch fragen ... Wie?

Wenn Sie allen Ihren Mitarbeitern gegenüber die sieben Führungsaufgaben in ausreichendem Maße nach den Regeln der Kunst wahrnehmen – und die Organisationsstruktur Ihnen das erlaubt – ist schon sehr viel erreicht. Vor allem, wenn Sie das mit dem Herzen am rechten Fleck tun. Denn es hilft sehr, wenn man als Führungskraft Menschen grundsätzlich mag. Sonst wäre das so, wie wenn ich als beratende Dipl.-Psych. sagen würde: Psychologie finde ich ja spannend – aber mit Menschen hab ich's nicht so ...

Welche demotivierenden Verhaltensweisen sollten Führungskräfte dabei unbedingt vermeiden?

In der Praxis ist immer mal wieder folgende Demotivations-Spirale zu beobachten: Mitarbeiter fühlen sich durch das Verhalten der Führungskraft demotiviert. Daraufhin wird versucht, diese Mitarbeiter durch Motivationstechniken stärker zum Laufen zu bringen. Das geht häufig am eigentlichen Thema vorbei, und Mitarbeiter fühlen sich nicht ernst genommen, wenn sie sich quasi als Objekte von Motivationsbemühungen fühlen. Am Ende sinkt die Motivation der Mitarbeiter erst recht. Und die der Führungskraft ebenso, denn sie ist enttäuscht, dass die Mitarbeiter trotz ihrer Bemühungen nicht mitziehen.

Die Liste der Demotivations-Grausamkeiten ist lang – und die meisten lassen sich als Mängel bei der Ausübung der sieben Führungsaufgaben einordnen. Fehlen Respekt und Anerkennung, lässt sich das jedoch nur begrenzt durch technische Perfektion im Führungshandwerk wett machen.

Zur Nachverfolgung der enthaltenen Literaturhinweise siehe https://www.spr
ingerprofessional.de/fuehrungsqualitaet/mitarbeitermotivation/-die-liste-der-dem
otivations-grausamkeiten-ist-lang-/20150132

„Stillstand führt zu Mitarbeiterfrust": Mitarbeitermotivation

Andrea Amerland

Interviewt wurde: Michael Nicodemus, Director of People Growth & Development bei Vinted, widmet sich seit mehr als drei Jahren der Personal- und Organisationsentwicklung. Er hat rund 15 Jahre Erfahrung im kaufmännischen Bereich und war in zentralen Positionen für Nike und Starbucks tätig (Abb. 1).

Eine Bonuszahlung hier, ein Dienstrad dort: Führungskräfte denken, mit derartigen Incentives Mitarbeiter motivieren zu können. Doch extrinsische Motivatoren verblassen. Warum Anreize auf das intrinsische Engagement zielen sollten, sagt Vinted-HR-Experte Michael Nicodemus.

Springer Professional: Umfragen zeigen immer wieder, dass Beschäftigte demotiviert sind. Was sind die Hauptgründe dafür, dass Mitarbeiter innerlich kündigen?
Michael Nicodemus: Mitarbeitende wollen sich in ihrem Job wohlfühlen. Dazu gehören regelmäßige Kommunikation, Vertrauen und das Arbeiten für einen bestimmten Zweck, mit dem sie sich identifizieren können. Es kommt den Menschen darauf an, für etwas Größeres verantwortlich zu sein. Demotivation beruht oft auf drei Aspekten:

Zu wenig Offenheit: Einer der wohl am weitesten verbreiteten Gründe für Demotivation am Arbeitsplatz ist die fehlende Kommunikation zwischen Führungskräften und Angestellten.

Nicht genügend Vertrauen: Menschen arbeiten am besten, wenn sie es eigenverantwortlich und selbstständig tun können. Wer nicht die Möglichkeit bekommt, eigene Entscheidungen zu treffen und dabei auch Fehler machen zu dürfen, wird sich langfristig betrachtet nicht weiterentwickeln. Stillstand führt zu Mitarbeiterfrust, was die Motivation letztendlich auf ein Minimum runter fährt.

Der Sinn fehlt: Menschen haben den Drang, sich in allen Lebensbereichen selbst verwirklichen zu wollen, auch im Job. Können sich die Mitarbeitenden nicht mit der Mission oder dem Ziel eines Unternehmens identifizieren, wirkt

Abb. 1 © Vinted

sich das durchaus negativ auf die Motivation aus. Wissen Arbeitnehmer hingegen, wofür sie sich engagieren, erhöht sich auch ihr Engagement und ihr Einsatz.

Was bringen Incentives wie Boni, um das Mitarbeiterengagement zu fördern?
Natürlich wird niemand eine Bonuszahlung oder andere Incentives ablehnen. Für eine gewisse Zeitspanne werden die Mitarbeitenden auch deutlich engagierter und produktiver arbeiten. Wenn sich Führungskräfte davon allerdings erhoffen, dass Motivation durch solch eine Maßnahme langfristig aufrecht erhalten werden kann, muss ich sie enttäuschen.

Extrinsische Motivatoren, wie eben zum Beispiel mehr Gehalt, verblassen nach kurzer Zeit und rufen kein intrinsisches Engagement hervor. Das Gegenteil ist sogar der Fall: Laut des US-amerikanischen Bestseller-Autors Daniel Pink, der unter anderem „Drive: The Surprising Truth About What Motivates Us" geschrieben hat, unterdrücken Incentives und festgefahrene Strukturen die Kreativität und ersticken die Leidenschaft. Außerdem belegen Studien, dass Mitarbeitende, die intrinsisch motiviert sind, wesentlich engagierter arbeiten als jene, die sich von extrinsischen Verlockungen wie Geld leiten lassen.

Was sollten Führungskräfte stattdessen oder ergänzend tun, um ihr Team zu motivieren?
Mit ihren Angestellten sprechen. Kommunikation darf keinesfalls unterschätzt werden, denn sie ist ausschlaggebend für eine dauerhaft gute Arbeitsatmosphäre. Gerade durch die Pandemiesituation der vergangenen zwei Jahre oder aktuell dem Ukrainekrieg leben wir in fordernden Zeiten – nicht nur im privaten, sondern eben auch im beruflichen Umfeld. Verständnis, Vertrauen und Kommunikation

sind die Basis für motivierte Mitarbeitende. Dabei ist aber zu beachten, dass die Kommunikation auf Augenhöhe und nicht nur top-down stattfindet.

Ownership fördern. Führungskräfte müssen ihren Mitarbeitenden mehr Vertrauen entgegenbringen, indem sie bestimmte Aufgaben abgeben. So haben die Angestellten die Chance, Herausforderungen eigenständig zu meistern und neue, individuelle Ansätze für Lösungswege zu finden. Auch wenn die Aufgaben und Tasks von der Führungskraft bestimmt werden, ist es wichtig, den Angestellten die Möglichkeit der Mitbestimmung zu geben.

Ungefragtes Feedback reduzieren. In der heutigen Unternehmenswelt sind die meisten Manager darauf gepolt, ständig Feedback zu geben, um zu optimieren. Unser Gehirn ist darauf programmiert, Bedrohungen und Belohnungen zu unterscheiden. Unaufgefordertes Feedback kann unbewusst einen Bedrohungszustand auslösen. Das bedeutet, dass wir nicht so empfänglich für das Feedback sind. Das belegen auch Forschungen des Neuro-Leadership-Institutes. Unternehmen sollten sich daher um eine Kultur bemühen, in der Beschäftigte um Feedback bitten, wenn sie benötigen.

Was gilt es in Hinblick auf Remote Work zu beachten, wenn es um das Thema Motivation geht?
Es mag wie ein Klischee klingen, aber jeder Mensch ist anders und hat andere Bedürfnisse, wenn es um das Thema Working from home geht. Um das Engagement während der Heimarbeit zu fördern, ist es wichtig, dass Führungskräfte empfänglich für die Bedürfnisse ihrer Mitarbeitenden sind und auf sie eingehen. Um es wiederholt zu betonen: Kommunikation ist unerlässlich, damit herausgefunden werden kann, wo die spezifischen Herausforderungen für jedes Individuum liegen. So können angepasste Lösungen gefunden werden, die die Motivation wieder steigern. Das können etwa kurze Video-Kaffeegespräche sein, um die Verbindung zueinander zu stärken. Die letzten zwei Jahre haben uns gezeigt, dass wir zwar gut aus der Ferne arbeiten können, aber trotzdem eine Connection zueinander brauchen, auch wenn sie virtuell ist.

Vielen Arbeitnehmern ist Sinn in der Arbeit wichtig. Was können Unternehmen tun, um diesen zu vermitteln?
Der Sinn der Arbeit ist eng verknüpft mit der Mission, dem übergeordneten Ziel eines Unternehmens. Es ist sinnvoll, nicht bloß dieses Mission Statement auszuformulieren, sondern auch die Werte, die man als Unternehmen vertritt. Diese helfen im Rahmen des Recruitings wiederum potenzielle Kandidaten mit dem passenden Mindset zu identifizieren. Übergeordnetes Ziel und auch Werte sollte

ein Unternehmen seiner Belegschaft transparent kommunizieren – im Optimalfall bereits beim Onboarding.

Denn wenn Arbeitnehmer von Anfang wissen, wie ihre individuelle Aufgabe aussieht, weshalb sie genau diesen Job erledigen sollen und was dieser zum Gelingen der Mission beiträgt, erhält ihre Arbeit die viel beschworene Sinnhaftigkeit. Gleichzeitig gilt: Eine Unternehmenskultur ist wie ein eigenständiger Organismus. Erst wenn man tatsächlich im Team mitarbeitet, erfährt man, was die ausgegebenen Werte in der Praxis bedeuten. Man kann es quasi als sich selbst verstärkendes System betrachten, da die Sinnhaftigkeit sich am besten durch die von Teammitgliedern und Führungskräften vorgelebten Werte internalisiert.

Zur Nachverfolgung der enthaltenen Literaturhinweise siehe https://www.spr ingerprofessional.de/mitarbeitermotivation/mitarbeiterbindung/stillstand-fuehrt-zu-mitarbeiterfrust/20361972

„Firmen können sich Präsenzkultur nicht mehr leisten": Employer Branding

Andrea Amerland

Interviewt wurde: Harald Smolak arbeitet als Partner & Leiter der Solution Group Human Capital Management bei der Interim Management Beratung Atreus (Abb. 1).

Nicht mehr in Jogginghose arbeiten, gehört zu den kleineren Problemen der beendeten Homeoffice-Pflicht. Beschäftige fürchten eher eine Infektion im Büro. Springer Professional sprach mit HR-Experte Harald Smolak über Dos und Don'ts bei der Rückholaktion an den Arbeitsplatz.

Springer Professional: Die Homeoffice-Pflicht ist zum 20. März ausgelaufen. Was halten Sie von einer Rückkehr zur Präsenzkultur?

Harald Smolak: Den alten Status quo wiederherzustellen, ist wenig sinnvoll und nicht durchführbar. Man kann und soll die Zeit nicht zurückdrehen. Die New-Work-Arbeitswelt muss sich an die neuen Möglichkeiten anpassen, die sich in der Pandemie ergeben haben. Hinzu kommt die enorme Verteuerung der Spritkosten, die für die Pendelei zum Arbeitsplatz anfallen. Für Arbeitgeber, die händeringend Fachkräfte suchen, braucht es daher attraktive hybride Arbeitsmodelle und kreative Angebote. Unternehmen sind insbesondere innerhalb der letzten Monate unter Zugzwang geraten, bestehende und potenzielle Arbeitnehmer von sich zu überzeugen. Firmen können sich starre Arbeitsweisen mit Präsenzkultur schlicht nicht mehr leisten, ohne an Attraktivität einzubüßen.

Was sollten Unternehmen bei der Wiederkehr der Angestellten ins Büro unbedingt beachten?

Unternehmen sind gefordert, die erhöhten Sicherheitsansprüche der Angestellten zu bedienen und ihre gewachsenen Gesundheitsbedürfnisse zu berücksichtigen. Bei der Rückkehr muss ein verstärktes Augenmerk auf die Hygienevorschriften gelegt werden. Das ist nach zwei Jahren Pandemieerfahrung eigentlich klar,

Abb. 1 © Atreus

jedoch gilt heute, ein Arbeitsklima zu schaffen, dass Arbeitnehmer wieder gerne ins Büro kommen lässt. Das erfordert Teamkonzepte, gemeinsame Zeitslots für Kommunikation, die über Video Calls hinausgehen. Es geht um bilateralen Austausch, das Interesse, Kollegen als Menschen mit all ihren Facetten zu verstehen.

Ein gutes Mittel für persönlichen Kontakt in der aktuellen Situation sind sogenannte Walk & Talks. Unternehmen sollten bewusst Formen der Kommunikation nutzen, die uns vor der Pandemie selbstverständlich waren. Während eines gemeinsamen Rundgangs entwickeln sich Dialoge über die gemeinsame Zusammenarbeit oder persönliche Bedürfnisse. Unternehmen müssen ein besseres Gespür dafür bekommen, was ihre Mitarbeiter umtreibt, um dann richtig darauf einzugehen.

Das Arbeiten im Büro wird für viele Beschäftigte gewöhnungsbedürftig sein. Wie sollten Unternehmen ihre Belegschaft daher motivieren?

Hier geht es primär um gegenseitiges Verständnis, also die Wahrnehmungen und Wirkungen aller Stakeholder zu verstehen. Eine offene Feedback-Kultur ist dafür Voraussetzung, um aus der Situation die richtigen Lehren und wertvolle Anpassung vorzunehmen. Das heißt, die Belegschaft dort abzuholen, wo sie aktuell stehen. Es geht um ein aktives Zuhören, was die Angestellten derzeit bewegt und wie das Unternehmen zukünftig die Zusammenarbeit gestalten möchte. Die Interessen aller gehören auf den Tisch müssen diskutiert werden.

Für die Firmen, die die Pandemie nicht genutzt haben, um Homeoffice-Regelungen zu schaffen: Was sind dabei Dos und Don'ts?
Firmen ohne Homeoffice-Regelungen waren wahrscheinlich dazu nicht gezwungen. Bei der Realisierung tun sich gerade Unternehmen im produzierenden Gewerbe schwer. Facharbeiter an der Maschine können nun mal nicht per Joy-Stick die Maschinen vom Homeoffice bestücken, umrüsten und instand setzen. Im dispositiven Bereich braucht es eine moderne IT-Infrastruktur mit Hard- und Software, die eine möglichst einfache Zusammenarbeit unabhängig vom Standort ermöglicht. Dafür müssen die Mitarbeiter geschult und bei Problemen unterstützt werden. Hier ist eine reaktionsschnelle Hotline für die Akzeptanz eines hybriden Arbeitens ein erheblicher Erfolgsfaktor.

Welche Führungsqualitäten passen nicht mehr zu den Post-Corona-Arbeitsmodellen?
Moderne Führungsqualitäten schaffen eine gesunde Balance zwischen transaktionaler Führung, also dem Vereinbaren, Einfordern und Messen gemeinsamer Ziele und einer transformalen Führung, also die Fähigkeit von Führungskräften, ihre Vorbildfunktion überzeugend wahrzunehmen und dadurch Vertrauen, Respekt, Wertschätzung und Loyalität zu erwerben. Mitarbeiter müssen gesehen, wertgeschätzt und als Mensch wahrgenommen werden. Aber eben auch fördern und fordern ist wichtig für eine stabile und langfristige Zusammenarbeit. Kippt die Balance in die eine oder andere Richtung, beeinflusst das nicht nur die Unternehmenskultur negativ, sondern sorgt auch für eine höhere Fluktuation.

Zur Nachverfolgung der enthaltenen Literaturhinweise siehe https://www.springerprofessional.de/employer-branding/fachkraeftemangel/firmen-koennen-sich-praesenzkultur-nicht-mehr-leisten/20224106

„Arbeitgeber haben erhöhtes Risiko im Überstundenprozess": Vergütung

Andrea Amerland

Interviewt wurde: Banjamin Onnis ist seit 2012 Rechtsanwalt und seit dem Jahr 2016 Fachanwalt für Arbeitsrecht. Bei der Kanzlei FPS vertritt er nationale und internationale Unternehmen in allen Angelegenheiten des Arbeitsrechts (Abb. 1).

Ein aktuelles Urteil des Arbeitsgerichts Emden zur Vergütung von Überstunden könnte Ärger für Arbeitgeber bedeuten. Springer Professional sprach mit Fachanwalt Benjamin Onnis über die mögliche Risiken für Unternehmen.

Das Arbeitsgericht Emden sorgt mit einer Entscheidung zur Vergütung von Überstunden für Furore. Was ist daran so sensationell?
Das Arbeitsgericht Emden argumentiert mit dem Urteil des EuGH zur Arbeitszeitmessung vom 14.05.2019 im Kontext der Überstundenvergütung. Der EuGH hatte entschieden, dass die Mitgliedstaaten die Arbeitgeber verpflichten müssen, ein objektives, verlässliches und zugängliches System einzuführen, mit dem die täglich geleistete Arbeitszeit gemessen werden kann. Folglich muss Deutschland ein entsprechendes Gesetz erlassen, was noch nicht geschehen ist. Das Arbeitsgericht Emden scheint keine Geduld mit dem Gesetzgeber zuhaben und wendet die Grundsätze des EuGH-Urteils bereits an und argumentiert, dass sich eine Verpflichtung zur Aufzeichnung der Arbeitszeit aus der gesetzlichen Fürsorgepflicht des Arbeitgebers ableiten lasse.

Was bedeutet das Urteil für Unternehmen?
Die Karten werden neu gemischt. Denn nach dem Arbeitsgericht Emden haben Arbeitgeber plötzlich die schlechtere Ausgangslage bei einem Rechtsstreit. Das Arbeitsgericht Emden verschiebt die Darlegungs- und Beweislast nämlich vom Arbeitnehmer auf den Arbeitgeber. Der Arbeitgeber trägt also jetzt das

Abb. 1 © Kanzlei FPS

Beweisrisiko. Der Arbeitgeber soll nun auch nicht mehr die Kenntnis der Überstunden einfach bestreiten können, da er ja ein Arbeitszeitmessungssystem hätte
installieren können.

Im konkreten Fall hat eine Arbeitnehmerin mit dem Arbeitszeitmodell Vertrauens-
arbeitszeit geklagt. Was gilt in der Vertrauensarbeitszeit für die Dokumentation von
Überstunden und wie können diese vor Gericht geltend gemacht werden?
Vertrauensarbeitszeit bedeutet, dass der Arbeitnehmer eigenverantwortlich und
selbstständig seine Arbeitszeit erfüllt. Es müssen aber die gesetzlichen Vorga-
ben bei der zulässigen Arbeitszeit eingehalten werden. Eine Dokumentation der
Überstunden ist daher auch bei Vertrauensarbeitszeit erforderlich. Diese muss
grundsätzlich vom Arbeitgeber durchgeführt werden. Er kann die Dokumen-
tationspflicht auch auf den Arbeitnehmer abwälzen. Dieser trug bislang vor
Gericht die Darlegungs- und Beweislast, anders entscheid jetzt das Arbeitsgericht
Emden. Unternehmen werden also die Aufzeichnungen vor Gericht als Nachweis
vorlegen. Wird die Dokumentation vom Arbeitnehmer übernommen, muss der
Arbeitgeber die Aufzeichnung von Überstunden natürlich prüfen oder korrigie-
ren. Ansonsten kann der Arbeitnehmer die Überstunden vor Gericht durch seine
Aufzeichnungen nachweisen und der Arbeitgeber hat dann kaum Einwendungen.

Welche Risiken drohen Unternehmen durch dieses Urteil gegebenenfalls?
Arbeitgeber haben bislang bei einer Klage auf Überstundenvergütung eine vor-
teilhafte prozessuale Situation, da der Arbeitnehmer die Überstunden darlegen
und beweisen muss. Fehlende Aufzeichnungen gehen zu Lasten der Arbeitnehmer. Folgen weitere Gerichte der Auffassung des Arbeitsgerichts Emden, dann
hätten Arbeitgeber das erhöhte Risiko im Überstundenprozess. Sie müssten dann

beweisen können, warum die Angaben des Arbeitnehmers nicht richtig sind. Fehlende Aufzeichnungen gehen dann zu ihren eigenen Lasten. Es drohen hohe Prozessrisiken und Nachzahlungen wegen in der Vergangenheit angesammelter Überstunden.

Was sollten Unternehmen generell beim Thema Arbeitserfassung und Überstunden beachten, damit sie juristisch auf der sicheren Seite sind und ihnen keine großen Nachzahlungen blühen?
Nach derzeitiger Rechtslage muss die tägliche Arbeitszeit nicht aufgezeichnet werden. Dokumentationspflichten bestehen nur für Überstunden. Die EuGH-Rechtsprechung muss eigentlich erst durch den Gesetzgeber umgesetzt werden. Es kann aber nicht ausgeschlossen werden, dass sich weitere Gerichte der Auffassung des Arbeitsgerichts Emden anschließen. Eine Aufzeichnung wäre daher zu empfehlen.

Im Arbeitsvertrag kann eine bestimmte Anzahl an Überstunden mit der Grundvergütung abgegolten werden. Zudem sind Verfallsfristen möglich oder die Vergütung von Überstunden wird besonders geregelt. Wichtig ist, dass die Vertragsklauseln den Anforderungen der Rechtsprechung genügen, also mithin wirksam vereinbart werden.

Der Arbeitgeber sollte klar regeln, wann Überstunden anfallen und wann nicht. Überstunden können auch verboten werden. Unternehmen müssen dann aufpassen, dass die Aufgaben zuweist in der normalen Arbeitszeit erledigt werden können. Sonst nützt solch ein Verbot nichts.

Im corona-bedingten Homeoffice war und ist es mit der Zeiterfassung schwierig, da diese nicht einfach mehr beim Betreten und Verlassen des Büros vollzogen wird. Was sollten Unternehmen auch vor dem Hintergrund aktueller Rechtsprechung tun?
Der Arbeitgeber kann und sollte die Zeiterfassung an seine Mitarbeiter delegieren und sie über die einzuhaltenden Pausen-, Ruhe- und Höchstarbeitszeiten und Überstunden belehren und anweisen. Die Aufzeichnungen müssen kontrolliert und hinterfragt werden, da ansonsten der Arbeitgeber durch Schweigen eventuell Überstunden genehmigt oder toleriert.

Und wenn Unternehmen beim Thema Überstundendokumentation nachlässig waren: Wie können sie eine gerichtliche Auseinandersetzung doch noch umschiffen?
Der Arbeitgeber könnte auf die Arbeitnehmer zugehen und mit ihnen Vereinbarungen über einen Überstundenabbau treffen. Er kann einen Freizeitausgleich statt Vergütung für die geleisteten Überstunden anbieten. Es wäre zudem auch an die Einführung von Arbeitszeitkonten zudenken.

Zur Nachverfolgung der enthaltenen Literaturhinweise siehe https://www.spr ingerprofessional.de/verguetung/arbeitsrecht/arbeitgeber-haben-erhoehtes-risiko-im-ueberstundenprozess/19614652

„Die Digitalisierung wird in KMU inkonsequent eingeleitet": Mittelstand

Andrea Amerland

Interviewt wurde: Dr. Jörg Schumacher ist seit 2011 Partner bei Haselhorst Associates (Abb. 1).

Die Digitalisierung ist in der Breite noch gar nicht angekommen, so Berater Jörg Schumacher. Insbesondere im Mittelstand fehlen oft das Know-how und die personelle Ressourcen für die Transformation. Wie KMU aufholen können.

Springer Professional: Im Mittelstand verläuft die Digitalisierung noch immer schleppend, auch wenn die Corona-Krise manche Prozesse beschleunigt hat. Woran liegt es, das KMU bei der Transformation im Vergleich zu großen Konzernen noch immer hinterherhinken?

Jörg Schumacher: Tatsächlich ist seit Ausbruch der Corona-Pandemie ein Digitalisierungstrend in Unternehmen festzustellen. Dass die digitale Transformation jedoch in der Breite angekommen ist, davon kann keine Rede sein. Generell darf der Wandel nicht unterschätzt werden. Was gemeinhin als Digitalisierung bezeichnet wird, ist ein vielschichtiges Unterfangen und der Prozess keineswegs trivial. So ist es auch mit der Einführung digitaler Abläufe oder der Umstellung vereinzelter Unternehmensbereiche längst nicht getan. Soll die Digitalisierung ihr volles Potenzial entfalten, müssen alle Abteilungen einer Firma vollständig transformiert werden: von der Produktion über den Vertrieb bis hin zur Logistik.

Und genau hier tun sich viele kleinere und mittlere Unternehmen noch immer schwer. Die Digitalisierung wird in KMU oft bereits zu Beginn inkonsequent eingeleitet, schlichtweg weil den Firmen sowohl die personellen Ressourcen fehlen, aber auch das Know-how. Aufgrund dessen sind zahlreiche Unternehmen per se gar nicht in der Lage, zügig ein erforderliches Digitalisierungsteam aufzubauen. Zudem sorgt allein das hohe Tempo digitaler Innovationen für einen kontinuierlichen Handlungsbedarf – mit einmal ergriffenen Maßnahmen ist es bei Weitem nicht getan.

© Springer Fachmedien Wiesbaden GmbH, ein Teil von Springer Nature 2022
A. Amerland et al., *Best of springerprofessional.de: Wirtschaft im Gespräch*, essentials, https://doi.org/10.1007/978-3-658-39452-3_6

Abb. 1 © Haselhorst
Associates

Wie groß sind die Digitalisierungspotenziale bei KMU überhaupt? Gibt es Unterschiede je nach Branche?
Jörg Schumacher: Sicherlich gibt es branchenbezogene Unterschiede. Wir alle kennen den Begriff der ‚Disruption', der massive, teilweise existensbedrohende Auswirkungen der Digitalisierung beschreibt. Die digitale Disruption hat den Video-Verleih und das Reisebüro überflüssig gemacht und bereitet Printmedien, Fernsehen oder Einzelhandel Kopfzerbrechen. In Zukunft werden auch Branchen wie Finanzen, Bildung und Gesundheitswesen stark beeinflusst werden. Viele Firmen werden sich neu erfinden müssen. Aber selbst wenn sich nicht gleich das ganze Marktumfeld komplett verändert, wird Digitalisierung an keinem Unternehmen vorbei gehen. Für den produzierenden Mittelstand ist die Disruptionsgefahr geringer als für Medien- oder Finanzdienstleister, aber die kontinuierliche Optimierung der Unternehmensabläufe durch den Einsatz digitaler Lösungen wird dennoch eine Voraussetzung für die Wettbewerbsfähigkeit sein. Hier gibt es noch viel Nachholbedarf.

Was sind Ihrer Ansicht nach die Erfolgsfaktoren für eine Digitalisierungsstrategie bei Mittelständlern?
Jörg Schumacher: Eine strukturierte Vorarbeit sowie ein klar definiertes Vorgehen sind unabdingbar. Ein steter digitaler Optimierungsprozess sollte implementiert werden. Dafür gilt es zunächst, den Status quo und die Möglichkeiten einer digitalen Transformation zu erörtern. Das Ergebnis kann mit den marktgängigen Standards und State-of-the-Art-Lösungen verglichen werden. Die Differenz ist ein Ansatzpunkt für den nötigen Handlungsbedarf und die Basis für die Entwicklung einer Digitalisierungsstrategie. Diese sollte sämtliche Bereiche, Produkte und Services verbinden. Wichtig ist, neben den Maßnahmen die Planung der Zeit,

der Kosten- sowie der Nutzeneffekte zu integrieren. Sind diese Schritte erfolgt, beginnt sowohl die Personalplanung für ein Digitalisierungsteam, das die Umsetzung betreut und mit den Zielen abgleicht, als auch die für eine Partner- und Lieferantenstrategie. Letztlich sollte ein etabliertes Programmmanagement dann dafür sorgen, die Projekte tatsächlich in die Tat umzusetzen.

Ist Digitalisierung im Mittelstand Chefsache?
Jörg Schumacher: Natürlich gilt das Commitment der Führungsebene als eine der Grundvoraussetzungen dafür, dass die Transformation angestoßen wird. Doch betrifft der Wandel das gesamte Unternehmen und somit alle Mitarbeitenden. Hier ist es Führungsaufgabe, Überzeugungsarbeit zu leisten, sodass alle Beteiligten an einem Strang ziehen. Hilfreich können dabei spezielle Workshops, Schulungen oder Fortbildungen sein, um die Mitarbeitenden für die Transformation zu wappnen. Was die konkrete Umsetzung der Digitalisierungsmaßnahmen angeht, obliegt diese dem Digitalisierungsteam beziehungsweise dem Programmmanagement. Sämtliche operative Aufgaben werden von hier aus gesteuert.

Was bringt ein CDO, um die digitale Transformation im Unternehmen voranzubringen?
Jörg Schumacher: Der interimistische Einsatz eines CDO birgt zahlreiche Vorteile, die für KMU von großem Nutzen sind – vor allem dann, wenn ein solcher Interim Manager gemeinsam mit einem erfahrenen und direkt arbeitsfähigen Team auftritt. Denn dank einer solchen vorübergehenden externen Lösung kann die Digitalisierung des Unternehmens nicht nur autonom vorangetrieben werden. Mittelständler schonen auf diese Weise ihre Ressourcen und Mitarbeiter. Und können ihre eigenen digitalen Strukturen parallel zum Einsatz des CDO-Teams aufbauen. Das spart Zeit und stellt sicher, dass die Unternehmensabläufe zu keinem Zeitpunkt gestört werden und die Firmen handlungsfähig bleiben.

Zur Nachverfolgung der enthaltenen Literaturhinweise siehe https://www.spr ingerprofessional.de/mittelstand/transformation/die-digitalisierung-wird-in-kmu-inkonsequent-eingeleitet/19355712

„Die Corona-Pandemie hat den Digitalisierungsdruck erhöht": Transformation

Andrea Amerland

Interviewt wurde: Ioannis Tsavlakidis ist Bereichsvorstand Consulting in Deutschland und Head of Advisory der EMA Region bei KPMG. Er ist seit 30 Jahren in der Beratung tätig (Abb. 1).

Die Corona-Pandemie setzt Unternehmen auf ganz unterschiedliche Art unter Druck, auch bei der Digitalisierung. Warum diese die aktuelle Krise als historische Chance sehen sollten, um sich resilient und zukunftssicher aufzustellen, sagt Experte Ioannis Tsavlakidis im Gespräch.

Springer Professional: Inwiefern hat sich durch Corona die Digitalisierung beschleunigt?

Ioannis Tsavlakidis: Das tiefgreifende Ereignis Corona-Pandemie hat den Digitalisierungsgrad von Unternehmen schonungslos offengelegt und den Digitalisierungsdruck erhöht. Je nach Branche und Geschäftsmodell wurden Firmen unterschiedlich davon getroffen. Unternehmen mit einem fortgeschrittenen digitalen Reifegrad waren besser vorbereitet als diejenigen, die noch am Anfang stehen. Erstere waren daher während des Shutdowns deutlich widerstandsfähiger. Sie konnten auf den Ausfall der direkten Kundeninteraktion sowie Lieferkettenengpässe schneller reagieren. Auch bei Nachfragerückgängen und Produktionsstopps gelang es ihnen, mithilfe von digitalen Tools und automatisierten Prozessen Kosten dynamisch zu reduzieren. Unternehmen mit einem Online-Vertrieb und Kollaborationssoftware konnten Kunden nachhaltig an sich binden und kommen sogar gestärkt aus der Krise hervor.

Inwieweit hängen der Digitalisierungsgrad und die Krisenresilienz von Unternehmen zusammen?

Unternehmen mit einem hohem Digitalisierungsgrad haben eine höhere Krisenresilienz, überstehen eine Krise gut, erholen sich schnell und gehen gestärkt

Abb. 1 © KPMG

daraus hervor. Die Herausforderungen variieren nach Branche, weshalb es sektor-spezifischer Lösungen bedurfte. Zwei Beispiele: Mit Hilfe von Robotic Process Automation (RPA) haben wir unsere Kunden unterstützt, Formulare für die Beantragung von Kurzarbeitsgeld zu automatisieren. Diese Funktion kann auch bei künftigen Krisen genutzt werden, um staatliche Hilfe unkompliziert zu erhalten. Für Unternehmen mit komplexen Lieferketten hat es sich hingegen gelohnt, ihre Lieferkette zu analysieren und durch digitale Lösungen transparenter zu machen. Mit Echtzeit-Tracking-Tools lässt sich verfolgen, wo sich Ware befindet. So lassen sich zeitnah Schwachstellen identifizieren und Störungen verhindern.

Welche Chancen ergeben sich in der Corona-Krise daraus für Unternehmen?
Alle Organisationen – von der Kommune bis zum Konzern – sollten jetzt ihr aktuelles Geschäftsmodell und ihre Prozesse hinterfragen, um die Digitalisierung ganzheitlich anzugehen und nachhaltig im Unternehmen zu verankern. Bei Unternehmen haben sich Kundenbedürfnisse verändert und damit auch die Art, wie Unternehmen ihnen begegnen müssen. Das trifft insbesondere auf den Handel zu. E-Commerce Plattformen werden in der New Reality weiter an Bedeutung gewinnen, denn Konsumenten haben die Erfahrung gemacht, dass so gut wie alles im Internet per Mausklick verfügbar ist. In der New Reality wird dieser Anspruch noch stärker werden. Daher ist es wichtig, dass Entscheider nicht nur an kurzfristige, sondern langfristige Lösungen denken, um auch zukünftig im Wettbewerb bestehen zu können. Das ist eine historische Chance, sich resilient und zukunftssicher aufzustellen.

Welche Lehren lassen sich aus dem Jahr 2020 im Allgemeinen und aus der Corona-Krise im Speziellen in Zukunft für die Digitalisierung von Unternehmen noch ziehen?

Unternehmen konnten nicht wie üblich mit ausgeklügelten, erprobten und abgesicherten Konzepten agieren, sondern mussten schnell mit pragmatischen Lösungen reagieren. Es zeichnet sich ab, dass die Corona-Krise jenen Unternehmen einen Vorteil bietet, die auch bislang konsequent in ihre digitale Transformation investiert haben. Die Digitalisierung weiter vorantreiben, die Widerstandsfähigkeit erhöhen, Zusammenarbeitsmodelle intern und extern überdenken, um agil und standortunabhängig zu funktionieren – alle diese Aktivitäten ermöglichen eine bessere Ausgangslage für zukünftige Herausforderungen.

Welche Digitalisierungsthemen sollten Unternehmen unbedingt angehen und warum?

Wir haben die Umfrageergebnisse aus einer Befragung von mehr als 3900 Teilnehmern ausgewertet. Ein zentrales Resultat ist, dass ein hoher Digitalisierungsgrad entlang der gesamten Wertschöpfungskette essenziell ist. Potentiale für Digitalisierung liegen in Prozessautomatisierung, Cloud-Nutzung, Kostenoptimierung entlang der Wertschöpfungskette, Cyber Security, digitalem Vertrieb, Human Resources und Lieferantenmanagement. Welche Themen ein Unternehmen davon angehen sollte, hängt primär von Geschäftsmodell und Branche ab. So können beispielsweise produzierende Unternehmen mithilfe von automatisierten Lagerbestandsüberwachungen die Abhängigkeit zu Lagerstätten reduzieren. Unternehmen mit Endkundenbeziehungen können mithilfe von Chat Bots und Kollaborationssoftware ihren Kontakt mit Kunden aufrechterhalten.

Grundlegend sollten Unternehmen die Bereitschaft der Mitarbeiter zur Veränderung fördern. Dazu gehören, die frühzeitige Einarbeitung in neue Systeme und veränderte Abläufe, Schulungen oder transparente Change-Kommunikation. Zudem sollte eine digitale IT-Infrastruktur vorhanden sein, um den Technologieeinsatz zu ermöglichen. Trotz wirtschaftlicher Unsicherheit sollten Entscheidungsträger deswegen bereits heute die kommenden Jahre ins Auge fassen: Was in der Krise funktioniert, hat sicher auch danach einen Mehrwert. Dieses Momentum sollten alle nutzen und Transformationsprozesse weiterführen.

Zur Nachverfolgung der enthaltenen Literaturhinweise siehe https://www.springerprofessional.de/transformation/corona-krise/-die-corona-pandemie-hat-den-digitalisierungsdruck-erhoeht-/18965350

„Resilienz ist die Schlüsselfähigkeit für Wachstum und Erfolg": Organisationsentwicklung

Andrea Amerland

Interviewt wurde: Erich R. Unkrig ist Chief Learning Officer am Institut für lernfähige Organisationen und Systeme (Abb. 1).

Resilienz wird oft als individuelle Fähigkeit verstanden. Springer-Autor Erich R. Unkrig lenkt den Blick hingegen auf die organisationalen Aspekte der Robustheit. Welche Rolle Führungskräfte und HR-Manager dabei spielen, sagt er im Interview mit Springer Professional.

Springer Professional: Resilienz wird vor allem im deutschsprachigen Raum als individuelle Kompetenz definiert. Wie sehen Sie das?
Erich E. Unkrig: Die Ursache dafür mag sein, dass Forschende und auch Dienstleister oft aus einem psychologisch geprägten Mindset an das Thema Resilienz herangehen und dabei zu wenig Affinität für Management-Themen in Organisationen zeigen. Schaut man sich dann entsprechende Angebote an, wird auf der Ebene von Unternehmen und Institutionen lediglich auf organisationale Merkmale, Ressourcen oder Prozesse verwiesen, um organisationale Resilienz zu verstehen. Wir sehen das daran, dass sich selbst profilierte Forschende und Berater beim Thema auf die ISO-Norm 22316:2017 beziehen und quasi die Überschriften dieser Norm zu Schlüsseln organisationaler Resilienz machen.

Es passt nicht zusammen, wenn wir verschiedenste Resilienzschlüssel auf der individuellen, Team- und organisationalen Ebene nur nebeneinanderstellen, anstatt Resilienz als ein ganzheitlich integriertes Konzept zu verstehen, bei dem alle Faktoren wie ein Puzzle ineinandergreifen. Insoweit definiere ich Resilienz als die Fähigkeit von Menschen, Teams und Organisationen, Störungen oder Krisen rechtzeitig durch Zugriff auf vorhandene oder angebotene Ressourcen aktiv anzugehen, sie zu meistern und diesen Prozess als Anlass für Weiterentwicklung und Wachstum zu nutzen. So verstanden braucht Resilienz einen Prozess,

© Springer Fachmedien Wiesbaden GmbH, ein Teil von Springer Nature 2022
A. Amerland et al., *Best of springerprofessional.de: Wirtschaft im Gespräch*,
essentials, https://doi.org/10.1007/978-3-658-39452-3_8

Abb. 1 © Institut für lernfähige Organisationen und Systeme

der Einzelne, Teams, Bereiche und idealerweise die ganze Organisation integriert und steuert.

Welche Rolle spielen Management- und Führungsfaktoren beim Thema Resilienz?
Wenn wir Resilienz ganzheitlich verstehen und im Unternehmen integrieren, dann wird sie zu der Schlüsselfähigkeit für Wachstum und Erfolg in einer ungewissen wirtschaftlichen Zukunft. Die Frage ist, wie Ressourcen aktiviert werden – das zentrale Thema für Führung und Management als soziale Kontext- und Situationsfaktoren – die entscheidenden Einfluss auf Beschäftigte nehmen. Manager und Führungskräfte müssen sich für die Mitarbeitenden mit ihren Motiven, Fähigkeiten und Stärken interessieren und jeden als Individuum behandeln. Dabei sollten sie sich darauf konzentrieren, die mentalen Bedürfnisse in ihrem Verantwortungsbereich zu befriedigen und so positiven Einfluss auf die Resilienz ihrer Mitarbeitenden und Teams nehmen.

Was sind die Hebel, die Führungskräfte in diesem Kontext vor allem im Griff haben sollten?
Wenn ich anhand der Faktoren, die Jürgen Bengel und Lisa Lyssenko in ihrer Meta-Studie zur den Resilienzfaktoren im Erwachsenenalter identifiziert haben, priorisiere, dann sind es vier Aspekte, die Führungskräfte vor allem im Blick haben müssen:

1) verantwortungsvolle Einflussnahme, 2) eine auf gemeinsame Ziele ausgerichtete Führung, 3) Kohärenz, also die Zuversicht, dass Ereignisse vorhersehbar und erklärbar, Ressourcen verfügbar sind, um Anforderungen gerecht zu werden und als positive Herausforderungen zu verstehen sowie 4) mentale Stärke, also

Resilienz plus Leistungsfähigkeit. Diese sind entscheidend, um durch eine für-sorgliche Führung die Richtung vorzugeben, erlebbare Werte zu schaffen, hohe Erwartungen zu formulieren und so die berechtigten Erwartungen aller Stakeholder in Einklang zu bringen. Unterstrichen wird das in einer Studie aus dem Jahr 2018, die sagt, dass kleine, individuell angepasste Gesten der Wertschätzung eine förderliche Wirkung auf Resilienz, Zufriedenheit und Leistungsbereitschaft der Mitarbeitenden haben. Last but not least: Auf gegenseitiger Fürsorge und Vertrauen basierende Beziehungen sind nicht nur eine sichere Basis, sondern auch das, was im Englischen „The glue that keeps things together" genannt wird.

Welche Vorteile haben Unternehmen dadurch?
Die Vorteile liegen auf der Hand, sind jedoch nach Branche und Organisation unterschiedlich ausgeprägt. Da muss man sich die Wirkung auf die jeweils kritischen Kennzahlen näher anschauen.

Resilienz trägt dazu bei, dass Mitarbeitende mit Herausforderungen und Problemen gelassener umgehen können. So kann man sich auf Lösungen und nicht auf Probleme konzentrieren sowie das Gemeinsame und Verbindende in den Vordergrund stellen.

Unter- und Überforderung sorgen dafür, dass Mitarbeitende den Spaß und die Identifikation mit ihrer Arbeit, dem Team oder sogar dem Unternehmen verlieren. Auf Dauer kann beides dazu führen, dass Beschäftigte nicht voll einsatzfähig sind. Unternehmen profitieren davon, dass sie auf solche Aspekte achten und Resilienz fördernden Faktoren bedienen.

Wettbewerbsfähigkeit ist immer ein Argument und der menschliche Faktor hat A-Priorität, wenn es um das Thema geht. Erstens geben resiliente Belegschaften auch in schwierigen Zeiten ihr Bestes. Und zweitens ist es wahrscheinlich, dass sie den Optimismus und die Verbundenheit haben, bei gravierenden Veränderungen im Unternehmen zu bleiben. Insoweit ist es kein Nachteil, nein, eher ein Vorteil, wenn man Menschen und Teams dabei hilft, mental belastbar und fit, also resilient zu sein oder zu werden.

Wie können Personalabteilungen zu einer resilienten Organisation beitragen?
Der wesentliche Beitrag der Personalabteilungen ist die Förderung von Commitment, Resilienz und Wohlbefinden. Diese Aspekte werden stark vom Verhalten aller Beteiligten im Zusammenhang mit Führung beeinflusst. Hier kann, ja muss, die Personalabteilung mit passenden Interventionen aktiv sein und steuernd eingreifen. Auch stellen neuere Studien fest, dass beides, operatives wie auch strategisches Personalmanagement, einen signifikanten Einfluss auf die Entwicklung und Förderung der Resilienz im Unternehmen haben kann. Die

Handlungsfelder sind vielschichtig, etwa durch Strategien und Maßnahmen in den Bereichen Arbeitsplatzgestaltung und Arbeitsorganisation, Compensation und Benefits, Feedbacksysteme, Personalentwicklung oder Kulturentwicklung.

Corona hat das Wohlbefinden der Mitarbeitenden stärker in den Fokus gerückt. Wie erklären Sie Führungskräften, warum das auch in Zukunft so bleiben sollte?
Kein Unternehmen ist gegen Unvorhersehbares gefeit – seit den 1990ern steht VUKA für diese Herausforderung. Drastisch führt das die Covid-19-Pandemie vor Augen, die beispiellose Herausforderungen und Veränderungen bewirkt hat, von denen jede Organisation betroffen sind. Wie es aussieht, wird uns Corona noch eine Zeitlang fordern. Ähnlich wie es andere Themen, vor allem die Erderwärmung und ihre Konsequenzen für gesellschaftliches und wirtschaftliches Handeln, bis weit in die Zukunft tun. Diesbezügliche Einsicht scheint vorhanden zu sein.

Können Sie das näher erklären?
Ende 2020 sagten in einer Umfrage die meisten Führungskräfte, dass die Resilienz der Organisation und deren Stärkung auch nach Ende der Pandemie eine entscheidende Priorität bleiben wird. Und eine aktuelle McKinsey-Studie stellt fest, dass Maßnahmen, die Unternehmen bereits vor der Pandemie als Teil hin zu stärker auf den Menschen ausgerichteten Betriebsmodellen und zur Steigerung der organisationalen Resilienz durchgeführt haben, sich in der aktuellen Situation verdoppelt haben. Da sind wir in den meisten Unternehmen also auf einem guten Weg. Insoweit ist meine Antwort an Führungskräfte, die zum alten Status-quo zurück wollen: Besser auf neuen Wegen etwas stolpern, als in alten Pfaden auf der Stelle treten.

Zur Nachverfolgung der enthaltenen Literaturhinweise siehe https://www.spr ingerprofessional.de/organisationsentwicklung/leadership/resilienz-ist-die-schlue sselfaehigkeit-fuer-wachstum-und-erfolg/19947508

„Wir brauchen ein Umdenken der gesamten HR- und Hiring-Strategie": Personalmanagement

Andrea Amerland

Interviewt wurde: Holger Kobler ist Regional Vice President DACH bei Udacity, dem weltweiten Anbieter für Online-Trainings (Abb. 1).

Die digitale Transformation hierzulande scheitert am Fachkräftemangel. Insbesondere Digital-Talente sind rar. Springer Professional sprach mit Experte Holger Kobler über das Ausmaß und mögliche Lösungswege.

Springer Professional: Ihr Talent Transformation Global Impact Report hat ergeben, dass die digitale Transformation in Unternehmen ausgebremst wird, weil es an Digital-Talenten mangelt. Wie groß ist das Ausmaß des Problems in Deutschland?
Holger Kobler: Es ist riesig und durchzieht alle Sektoren und Industrien. Wichtig ist dabei, dass wir erst am Anfang stehen. Analysten sagen voraus, dass der Bedarf jährlich mindestens um weitere 50 % steigen wird. Wir sollten jetzt loslegen, um das Problem noch in den Griff zu bekommen. Alle reden von digitaler Transformation, aber da geht es häufig um interne Prozesse und angewendete Technologien. Der Einsatz von Mitarbeitenden kommt oft erst an letzter Stelle.

Erfolg oder Misserfolg der Transformation hängt davon ab, ob die Strategie für die Mitarbeiter gelingt. Gerade Konzerne, etwa in der Automobilbranche, sind von großen Wandlungen betroffen und müssen erkennen, dass ihre Talente bereits im Unternehmen sind und nun an anderen Stellen eingesetzt werden könnten – bei entsprechender Fortbildung und durch zielgerichtete Weiterbildungsmaßnahmen.

Wie stehen deutsche Unternehmen im Vergleich zu Firmen in Frankreich, Großbritannien und den USA da?
Deutschland hat mit die ältesten Industrien, welche am meisten von der Digitalisierung profitieren können. Die Aufgabe ist damit ungleich größer verglichen mit digitalen Vorreitern, die aus dem angelsächsischen Raum kommen und entweder schlicht weiter, schneller sind oder ihr gesamtes Geschäftsmodell digital

© Springer Fachmedien Wiesbaden GmbH, ein Teil von Springer Nature 2022   33
A. Amerland et al., *Best of springerprofessional.de: Wirtschaft im Gespräch*,
essentials, https://doi.org/10.1007/978-3-658-39452-3_9

Abb. 1 (© Udacity)

aufgestellt haben. Gleiches gilt für Unternehmen aus Frankreich oder der EU. Die deutschen Unternehmen, die erkannt haben, dass das Gelingen der Digitalisierung einer totalen Transformation bedarf und ein Scheitern Irrelevanz in der eigenen Industrie bedeutet, sind im weltweiten Vergleich sehr gut unterwegs.

Was sind die Ursachen für die klaffende Lücke bei Fachkräften mit Digital-Knowhow?

Noch nie in der Geschichte unterlag die private sowie öffentliche Wirtschaft einer notwendigen Veränderung, die so schnell kommen müsste. Traditionell waren es eine oder vielleicht zwei Industrien, die sich radikal wandeln mussten. Jetzt sind es alle auf einmal in sehr kurzer Zeit. Es gibt vor allem zwei elementare Gründe: Zum einen wächst der Bedarf schneller als entsprechende Fachkräfte aus- oder weitergebildet werden können. Immer mehr Unternehmen investieren mehr in Digitalisierung und innovative Zukunftstechnologien, um dauerhaft auf dem Markt Bestand zu haben. Und genau jene brauchen natürlich auch das passende Fachpersonal.

Und der zweite Grund?

Es fehlt an Personal, um diesem Bedarf an neuen Skills gerecht zu werden; das können weder Universitäten noch Online-Kurse ausgleichen. Zudem ist der Markt sehr fluktuativ. Heutzutage arbeitet nahezu niemand mehr für mehrere Jahrzehnte in einem einzigen Unternehmen. Entsprechend müssen Firmen starke Anreize bieten, um ihre Mitarbeitenden auch dauerhaft halten zu können. Förderung und Weiterbildung spielt hier eine ganz zentrale Rolle. Daher brauchen wir ein

Umdenken der gesamten HR- und Hiring-Strategie, um das Potenzial der Beleg-schaften bestmöglich ausschöpfen, Anreize für einen Verbleib im Unternehmen zu bieten und gleichzeitig neue, junge Talente anziehen zu können.

Welche Ansatzpunkte gibt es für Unternehmen, dem Fachkräftemangel auf diesem Gebiet entgegenzuwirken?
Unternehmen haben im Großen und Ganzen zwei Möglichkeiten. Hiring und Re-beziehungsweise Upskilling. Weder die Attraktivität als potenzieller neuer Arbeit-geber ist einfach herzustellen noch die Organisation zum Umdenken zu bewegen. Es geht darum, „employability" zu garantieren – für neue Arbeitnehmer und auch für die Umbesetzung nach Re-/Up-skilling. Das ist im einfachsten Sinne die schnelle Qualifikation der Person, um unkompliziert und im fest definierten Zeitraum eine Praxisbefähigung im neuen Job herzustellen und den Erfolg an den Geschäftszielen messbar zu machen.

Wie muss man sich das vorstellen?
Wir haben gelernt, dass es darum geht, jeden Lernenden und seinen Chef dort abzuholen, wo er heute steht und klar zu beschreiben wo es warum hinge-hen soll. Echte Probleme praktisch während der Ausbildung zu lösen, ist der nächste Schlüssel, begleitet von Industrieexperten, die für das gesamte Unterneh-men in verschiedenen Sprachen und Zeitzonen in gleicher Qualität zur Verfügung stehen müssen. Zuletzt berichteten alle Unternehmen, dass diese Programme vom Management kommuniziert werden müssen: Warum wird es gemacht und warum bekommen Mitarbeitende Zeit dafür. So können Talente und deren Skills mit neuen Ansätzen bestmöglich verknüpft werden. Das bedeutet, eine Kar-riereperspektive und spannende Entwicklungssprünge für jeden Einzelnen, und gleichzeitig hilft es, den Druck im Talentmanagement in der Personalabteilung zu nehmen. Der Hiring-Ansatz nutzt die exakt gleiche Methodik, um attraktiv und schnell zu sein. So kann etwa das Onboarding verkürzt werden.

Welche Rolle spielen die Personalabteilungen dabei?
Sie ist ein Drittel des Erfolgs. Diese neue Herausforderung bedarf die Kraft des ganzen Unternehmens, ein Dreieck aus Chefetage, Business und HR. Es muss Konsens herrschen zwischen Unternehmenszielen, der Strategie, diese zu erreichen und welche Rolle die Digitalisierung spielt. Gemeinsam gilt es, die Lücke an Talenten zu ermitteln und die Erwartungshaltung zu definieren an die Menschen im Unternehmen. Ab da greifen die Mechanismen der HR und Learning-Abteilungen.

Die Personalabteilung spielt eine sehr wichtige Rolle im gesamten Prozess der Weiterbildungsmaßnahmen. Bei HR geht es ja nicht nur um das Recruiting, sondern auch um die Förderung und Forderung der existierenden Mitarbeitenden. Entsprechend sollte die Personalabteilung die zentrale Anlaufstelle sein für vorhandene Skills im Unternehmen, den Weiterbildungsbedarf, die Verteilung passender Maßnahmen und entsprechend für die Karriereplanung jedes einzelnen. Dabei ist es sehr wichtig, eng mit den einzelnen Teamleitern und Abteilungen zusammenzuarbeiten.

Zur Nachverfolgung der enthaltenen Literaturhinweise siehe https://www.spr ingerprofessional.de/personalmanagement/talentmanagement/wir-brauchen-ein-umdenken-der-gesamten-hr--und-hiring-strategie/20132732

„Amazon ist in puncto Kundenzentrierung kompromisslos": Plattformökonomie

Andrea Amerland und Eva-Susanne Krah

Interviewt wurde: Markus Fost ist Experte für E-Commerce, Online-Geschäftsmodelle und Digitale Transformation (Abb. 1).

Amazon hat nicht nur mit Marketplace und Versandservice Maßstäbe für die Plattformökonomie gesetzt. Auch die Kundenzentrierung sucht ihresgleichen. Welche Bedrohungen und Chancen damit für andere Branchen einhergehen – darüber spricht Experte Markus Fost im Interview.

Springer Professional: Amazons Geschäftsmodell ist gerade in der Corona-Krise noch erfolgreicher. Wie würden Sie die Erfolgsformel des Online-Versandhändlers auf eine Kurzformel bringen?

Markus Fost: Amazon ist der Blueprint eines mehrschichtigen Ökosystems der Plattformökonomie. Amazon ist kein Online-Versandhändler, sondern ein Technologieunternehmen, welches Dritten seine Plattform bereitstellt und vorwiegend von Kunden und Lieferanten bewirtschaftet wird. Dadurch lagert Amazon schwer skalierbare Prozesse an Kunden und Lieferanten aus. Beispielsweise werden Produktlistungen und Content vom Lieferanten bereitgestellt, während Kunden, die ein Produkt auf Amazon gekauft haben, die Fragen anderer Kunden beantworten. Diese Prinzipien der Plattformökonomie wendet Amazon nicht nur auf den Retail-Bereich an, sondern verknüpft diese mit weiteren Geschäftsmodellen wie Logistik, Advertising, Musik und Video sowie Cloud-Computing. Dadurch verankert sich Amazon tief als Gatekeeper bei seinen Kunden und hat ein Kundenverständnis wie kein zweites Unternehmen aufgebaut.

Welche Branchen sind durch Amazons Geschäftsmodell besonders bedroht und warum?

In erster Linie Händler, welche keine USPs beyond Amazon aufbauen konnten wie Service, Event und Beratungsqualität. Geht es rein um eine Warentransaktion,

Abb. 1 © Markus Fost

ist Amazon schwer zu schlagen. Hersteller hingegen müssen ihre Vertriebspro-
zesse digitalisieren und dort präsent sein, wo die Kunden sind. Das ist neben
Amazon auch die eigene Online-Markenpräsenz. Darüber hinaus sind auch Apo-
theken, Banken und Versicherungen bedroht, sobald Amazon sich entscheidet,
ein umfassendes Offering in diesen Branchen auszurollen. Stellen Sie sich ein
völlig kundenorientiertes Versicherungsunternehmen mit transparenten und völlig vergleichbaren Konditionen vor. Das würde passieren, wenn Amazon in diese
Märkte eintreten würde.

Wie können diese Branchen gegensteuern?
Konsequent die Digitalisierung der Vertriebskanäle vorantreiben und sämtliche
Prozesse bedingungslos der Customer Centricity unterordnen. Darüber hinaus
sollte geprüft werden, ob sich das eigene Geschäftsmodell in Richtung der
Plattformökonomie transformieren lässt. Zudem ist die Bereitschaft erforderlich,
eine gewisse Kannibalisierung des eigenen Geschäftsmodells zuzulassen. Letzte-
res fällt gerade dann schwer, wenn die operativen Ergebnisse noch auf hohem
Niveau zufriedenstellend sind. Das Problem der Transformation ist aber, dass es
meist zu spät ist, damit zu beginnen, wenn sich bereits Rentabilitätsprobleme
manifestieren.

Aber es eröffnen sich auch Chancen für Wettbewerber … Welche?
Absolut. Amazon hat in vielerlei Hinsicht eine eigene Ökonomie mit sich
gebracht. Dadurch, dass Amazon die Markteintrittsbarrieren für kleinere Private Label und D2C Brands massiv reduziert hat, werden heute bereits 68 %
der Umsätze auf der Plattform von solchen D2C Brands bestritten und lediglich

32 % von Retail Brands. Ohne Amazon hätte eine Vielzahl dieser Anbieter nicht existiert und die Kunden hätten auch Zugang zu weniger innovativen Produkten.

Kundenzentrierung steht bei Amazon an oberster Stelle, verknüpft mit Kundenbindungsinstrumenten wie Amazon Prime. Was zeichnet die Plattform aus Ihrer Sicht hier aus, wovon andere Unternehmen im Vertrieb lernen können?
Amazon ist in puncto Kundenzentrierung kompromisslos. Amazon stellt den Kunden bei sämtlichen Handlungen in den Mittelpunkt. Wenn Sie ein defektes Produkt bei Amazon reklamieren, bekommen Sie eine Gutschrift oder kostenlosen Ersatz, ohne einen Nachweis hierfür erbringen zu müssen. Amazon vertraut seinen Kunden. Selbst B2B-Kunden können problemlos Ware innerhalb von 30 Tagen anstandslos zurückgeben oder umtauschen lassen. Prime kombiniert nicht nur die frachtfreie Lieferung, sondern inkludiert auch den Zugang zu Amazon Music oder Video.

Andere Unternehmen können von Amazon vor allem lernen, dass häufig nur eine kompromisslose Umsetzung zu einem echten USP führt. Amazon versucht keineswegs, es jedem Stakeholder recht zu machen. So werden beispielsweise beim Fokus auf die Kundenzentrierung die Lieferanten in die Pflicht genommen. So sind es die Lieferanten, welche die Rücksendungen der Kunden bezahlen.

Durch die Datengenerierung bei jedem Klick werden Kunden gläsern, bekommen aber durch automatisierte Produktvorschläge ein besseres Nutzererlebnis. Was könnte hier in Zukunft noch möglich sein?
Das Targeting der richtigen Angebote für den Kunden könnte künftig noch viel genauer werden. Auch verschwimmen die Grenzen zwischen Online und Offline, wenn Amazon mit seinen Go Stores auch flächendeckend in den stationären Handel einsteigt. Offen ist, was der Gesetzgeber hier zulassen wird. Der Konflikt zwischen Apple und Facebook bei der Datennutzung von Werbung zeigt, dass hierzu künftig eine andere Haltung einkehren könnte.

Zur Nachverfolgung der enthaltenen Literaturhinweise siehe https://www.spr ingerprofessional.de/plattformoekonomie/innovationsmanagement/-amazon-ist-in-puncto-kundenzentrierung-kompromisslos-/19297670

„Ab 2025 werden wir volldigitalisierte Börsen sehen": Vermögensverwaltung

Angelika Breinich-Schilly

Interviewt wurde: Thomas Heinatz ist Leiter des Bereichs Kapitalmärkte für Deutschland und Österreich beim Beratungsunternehmen Accenture (Abb. 1).

Große internationale Vermögensberatungen und Investmentbanken haben sich bereits umfassend digital aufgestellt. Wo deutsche Wettbewerber bei der Transformation stehen und wohin sie sich noch bewegen müssen, erläutert Experte Thomas Heinatz.

Springer Professional: Die Investmentbranche ist im Krisenjahr 2020 relativ gut weggekommen. Die Top-Unternehmen steigerten weltweit sogar die Zahl der Assets under Management (AUM) deutlich. Allerdings gilt das nicht für alle Marktteilnehmer. Was macht die Besten der Branche so erfolgreich?

Thomas Heinatz: Die Marktteilnehmer, die aus der Finanzkrise im Jahr 2008 die richtigen Lehren gezogen und sich strukturell verändert haben, konnten eine solide Basis für ihre Zukunft schaffen. Ihre technische Transformation auf geeignete Investment-Plattformen ist bereits abgeschlossen und damit sind sie ihrer Konkurrenz meist einen Schritt voraus. Wachstum durch Skalierung war so möglich und ihre Cost-Income-Ratio (CIR) wurde verbessert. Die Gewinner können sich jetzt auf ihre Kunden fokussieren und sich an die veränderten Kundenerwartungen anpassen, beispielsweise durch die Einführung von Online-Reporting, das Senden von Push-Informationen per App oder Robotics-Anwendungen. Einigen Vorreitern ist es zudem gelungen, sich auf ein Produktangebot zu fokussieren, das spezielle Kundensegmente, wie Familien, Pensionäre oder auch Berufseinsteiger, zielgenau adressieren kann.

Abb. 1 © Accenture

Manche Mitbewerber konnten bereits vor der Corona-Pandemie nicht von steigenden Märkten profitieren und ihr Geschäft ausbauen. Wo liegen deren Hauptprobleme?
Es gibt Marktteilnehmer, die in der Vergangenheit zu zögerlich bei der Digitalisierung ihres Geschäfts waren und zu lange an ihren altbewährten Traditionen festhielten. In der Folge mangelte es an der notwendigen Agilität, vor allem bei den Produkten. Auch verschleppte Investitionen in Portfolio- und Risikomanagement-Systeme und daraus resultierende Performance-Probleme machen einigen Marktteilnehmen heute zu schaffen. Der geringe Grad an Digitalisierung und Automatisierung wirkt sich negativ auf die Kosten aus, was letztendlich notwendige Investitionen in den Kundenservice verhindert hat. Ein weiteres Problem ist die Verschlechterung des Cost-Income-Ratios, was wiederum den Handlungsspielraum bei Investitionen einengt.

Zu welchen Investitionen würden Sie derzeit raten, um möglichst schnell spürbare Effekte zu erzielen?
Die Sell-Side und damit die Investmentbanken sollten über eine Anpassung der vorhandenen Infrastruktur nachdenken und sich konsequent von überschüssigem Ballast trennen. Häufig existieren noch zu viele und verschiedene Systeme für zu wenige Transaktionen. Im Asset Management sollte man sich künftig mehr auf Produkte konzentrieren, die die Kunden individuell und zielgenau ansprechen. Hier helfen sogenannte Sentiment-Analysen, die in Kombination mit neuen Technologien wie Künstlicher Intelligenz (KI) dabei unterstützen, Trends schneller zu erkennen und Investoren gezielter zu bedienen. Darüber hinaus wird es immer wichtiger, Operations Models zu optimieren und genau zu hinterfragen, welche Systeme die größte Wirkung auf das Geschäft haben. Wealth Manager

hingegen sollten sich auf die Rationalisierung des Backoffices konzentrieren und ihren Fokus vom Produktverkauf auf die Beratung verschieben. Außerdem sollten sie die steigenden Aktienquoten in Deutschland sowie die Entwicklung und Vermarktung von Altersvorsorgekonzepten besser für sich nutzen.

Schon länger bauen Investmentbanken und andere Finanzdienstleister Strategien und Strukturen um, um mit dem digitalen Wandel und seinen Folgen Schritt zu halten. Was sind derzeit die wichtigsten Treiber dieser Entwicklung, auch im Hinblick auf die gesamte Finanzmarktstruktur?
Insbesondere die Investmentbanken leiden an der kostenintensiven Regulatorik, die noch aus der Finanzkrise resultiert. Um die Kosten niedrig zu halten, sollten sie ihre Geschäftsfelder konsequenter nach Kennzahlen zu Erträgen und Kapitalbereitstellung bewerten und sich rigoros von Bereichen trennen, die nur geringe Rentabilität aufweisen. Hier hinken die deutschen Marktteilnehmer der internationalen Entwicklung hinterher. Für alle Capital Market Teilnehmer ist und bleibt der technologiegetriebene Wandel von Geschäftsmodellen und Dienstleistungen ein weiterer wichtiger Treiber der Zukunft.

Wie sieht es mit Blick auf den technologischen Umbau aus, wenn man den deutschen Kapitalmarkt mit internationalen Vermögensverwaltern, Investmentbanken und Asset Managern vergleicht?
In Sachen Plattformstrategien kommt Deutschland langsamer voran, als die internationale Konkurrenz. Das ist nicht nur schade, sondern mittel- und langfristig auch gefährlich. Zudem existieren hierzulande noch zu viele verschiedene Systeme für einzelne Funktionalitäten. Die Digitalisierung der Kundenprozesse und -interaktionen, wie zum Beispiel der Einsatz von CRM-Systemen und Apps, sind zwar in Arbeit, haben aber längst noch nicht das Niveau der internationalen Marktteilnehmer erreicht. Auch Robotics-Anwendungen (RPA) sind bei den internationalen Marktführern längst schon zur Normalität geworden.

Wo stehen die Unternehmen hierzulande?
Aktuell liegt der Fokus der deutschen Kapitalmarktteilnehmer auf Cloud- und Dateninfrastrukturen, es zeigen sich auch erste Aktivitäten bei KI-Anwendungen, insbesondere im Kunden-Service, zum Beispiel Bots zur Kategorisierung und Beantwortung von Kundenanfragen, sowie im Dokumentenmanagement bei der Analyse von unstrukturierten Daten. Zudem werden technische Systeme für Nachhaltigkeitsdaten evaluiert.

Welchen Einfluss haben die Veränderungen auf die Führungskräfte, Mitarbeiter und die Kultur der Unternehmen? Sind diese darauf gut vorbereitet?
Die Führungskräfte erleben gerade das Spannungsfeld, das Geschäft zu treiben, den Wandel zu fördern und die Mitarbeiter mitzunehmen. Eine gute Unternehmenskultur gibt sowohl den ‚Bewahrern' als auch den ‚Veränderern' eine Stimme und ermöglicht fundierte Entscheidungen. Wir sehen auch, dass die Rolle der Arbeitnehmervertretungen wächst, insbesondere mit Hinblick auf Rationalisierungen und dem Umstieg auf neue Systeme. Um ihre Mitarbeiter ins Boot zu holen, bieten einige Marktteilnehmer inzwischen Trainings und Weiterbildung an, beispielsweise rund um die Digitalisierung oder aber auch zum Thema Nachhaltigkeit.

Wo sehen Sie die Branche 2025 und darüber hinaus?
Das Vorantreiben der Digitalisierung ‚Front-to-Back' ist und bleibt ein großes Thema für die Branche. Aus meiner Sicht wird es eine weitere Differenzierung in den Wertschöpfungsketten geben, das heißt wir können in Zukunft mit mehr gezieltem Outsourcing, Kooperationen und der Entwicklung von Ökosystemen rechnen. Darüber hinaus werden Kapitalmarktservices und -dienstleistungen immer mehr zur Commodity, was zwangsläufig zu einem weiteren Absinken der Margen führen wird. Wichtig wird auch die technische und regulatorische Entwicklung von Digital Assets für Transaktionsabwicklung und Verwahrung. Ab 2025 werden wir volldigitalisierte Börsen und Transaktionsabwicklungen sehen. Zeit, sich darauf vorzubereiten.

Zur Nachverfolgung der enthaltenen Literaturhinweise siehe https://www.spr ingerprofessional.de/vermoegensverwaltung/wealth-management/-ab-2025-wer den-wir-volldigitalisierte-boersen-sehen-/19313860

„NFTs werden zahlreiche neue Assetklassen ermöglichen": Blockchain

Angelika Breinich-Schilly

Interviewt wurden: Dr. Markus Kaulartz (Counsel, links) und Dr. Alexander Schmid (Associate) sind Rechtsanwälte bei der internationalen Wirtschaftskanzlei CMS Deutschland (Abb. 1).

Non-fungible Token gelten unter einigen Investoren als neuer Stern unter den Assets. Doch was steckt hinter der als NFT abgekürzten Technologie, welche Vorteile gibt es und wo lauern Fallen? Die Juristen Markus Kaulartz und Alexander Schmid bringen Licht ins Dunkel.

Springer Professional: „Ein Museum für das teuerste Digitalkunstwerk" titelte die „Frankfurter Allgemeine Zeitung" Mitte März. Sie bezog sich dabei auf den Käufer des Kryptowerks „Everydays: The First 5000 Days" des Künstlers Beeple. Das hatte bei einer Versteigerung des New Yorker Auktionshauses Christie's einen Rekordpreis von rund 69 Mio. US-Dollar erzielt. Dabei existiert diese Arbeit nur in digitaler Form in einer Blockchain als sogenannter Non-fungible Token (NFT). Können Sie uns kurz erklären, was diese Art von Kunst ausmacht und welche Technologie dahinter steckt?
Markus Kaulartz: Hinter NFTs steckt die Blockchain-Technologie. Eine Blockchain ist ein dezentraler Datenspeicher, der besonders manipulations- und ausfallsicher ist. Nicht eine zentrale Institution speichert die Daten, sondern zigtausende Teilnehmer. Neben Bitcoin, dem prominentesten Beispiel, lassen sich auch andere virtuelle Vermögenswerte auf Blockchains darstellen und übertragen. Hierunter fallen Non-fungible Token, die dazu geeignet sind, bestimmte Rechte zu verkörpern. Es kann durch NFTs festgelegt werden, dass der Inhaber des NFTs auch Inhaber eines bestimmten Rechts sein soll – beispielsweise Inhaber aller Rechte an „Everydays".

Abb. 1 © CMS Deutschland

Was bedeutet das im Detail?
Markus Kaulartz: Damit wird das bislang Unmögliche geschaffen: Digitale Daten lassen sich eigentlich frei reproduzieren und Kopien sind nicht von der Vorlage unterscheidbar. Daher gab es bislang keine eigentumsähnlichen Rechte an Daten, denn es gab keine digitalen Originale. Mit NFTs ändert sich dies und digitale Dateien lassen sich nun zu eigentumsähnlichen Rechten tokenisieren. Eine Blockchain ermöglicht das Verschieben von Daten, im Gegensatz zum schlichten Kopieren von Daten, auf bewährten IT-Systemen.

Kreative Köpfe packen in NFT sicher noch andere Dinge, die sich digital handeln und so monetarisieren lassen. Denkbar sind zum Beispiel Eigentumsrechte an Musik. Was ist aus Ihrer Sicht möglich? Haben Sie einige praktische Beispiele?
Alexander Schmid: Grundsätzlich lassen sich alle unkörperlichen oder körperlichen Vermögenswerte als NFT darstellen. Die von Ihnen erwähnten Eigentumsrechte an Musik sind ein weiteres gutes Beispiel für den Einsatz von NFTs. Was in der physischen Welt etwa limitierte und mit Seriennummern versehene Musikalben sind, war bislang in der digitalen Welt nicht denkbar. Es gab keine Limited Edition einer MP3-Datei, denn wie sollte verhindert werden, dass hiervon nicht eine eins zu eins identische Kopie angefertigt und weiterverkauft wird? Mit NFTs ist dies nun möglich. So bietet die Band „Kings of Leon" zu ihrem nächsten Album limitierte NFTs an, mit denen auch Sonderrechten auf künftigen Tourneen, wie bestimmte Sitzplätze in erster Reihe oder Backstage-Pässe, verbunden sind.

Was könnte Anleger noch interessieren?
Alexander Schmid: NFTs werden auch außerhalb des Kreativbereichs Anwendung finden. Denkbar ist, dass Eigentumsrechte an physischen Gegenständen wie Immobilien, Oldtimern, Uhren oder Rohstoffen tokenisiert und handelbar gemacht werden – auch als Bruchteile des Gesamtgegenstands.

Die Digitalkunst von Beeple ist an einen Kunstliebhaber gegangen, der unter dem Pseudonym Metakovan auftritt. Bezahlt wurde es in der Kryptowährung Ether. Es soll Teil einer digitalen Kunstsammlung sein, eines digitalen Kunstfonds. Hört sich für einen Investor nicht sehr transparent an. Der trifft seine Entscheidung in der Regel aufgrund von Wertpapierprospekten, die auch über mögliche Risiken Aufschluss geben. Welche finanzrechtlichen Regeln gelten bei NFT und wo liegen die größten Probleme dieser Token?
Markus Kaulartz: Zum einen stellt sich die Frage, ob NFTs nicht Finanzinstrumente im Sinne des Kreditwesengesetzes sind. Dort wurden mittlerweile Kryptowerte explizit geregelt und an zahlreiche Erlaubnistatbestände geknüpft, etwa die Vermittlung von Kryptowerten. NFTs sind weder Aktien noch Schuldverschreibungen und verkörpern auch keine mitglied schaftlichen Rechte, sodass eine Qualifizierung als Wertpapier in aller Regel ausscheiden dürfte.

Auch andere Rechtsfragen tauchen im Zusammenhang mit NFT auf – etwa im Hinblick auf das Urheberrecht oder die Definition von Dateneigentum. Wo lauern hier Fallen und gibt es bereits Lösungsansätze?
Alexander Schmid: Urheberrechtlich ist bislang noch nicht geklärt, ob NFTs eine eigene Nutzungsart darstellen oder ein 'unbenanntes Recht zur öffentlichen Wiedergabe'. Grundsätzlich ist das Urheberrecht entwicklungsoffen gestaltet und kann daher auch NFTs abbilden. Es ist die Aufgabe des Veräußerers, durch die Verwendung spezieller NFT-Lizenzen – die derzeit noch nicht existieren – festzulegen, was mit dem Verkauf des NFTs genau übergeht. Nur das eigentumsähnliche Recht am NFT selbst oder auch urheberrechtliche Verwertungs- und Nutzungsrechte? Interessant für alle Urheber: Da NFTs auf Smart Contracts basieren, kann vereinbart werden, dass der Urheber automatisch an jeder Wertsteigerung seines Werks partizipiert!

Was heißt das konkret?
Alexander Schmid: Dateneigentum als solches kann an NFTs nicht bestehen, denn im BGB gibt es Eigentum nur an körperlichen Gegenständen. Dennoch könnten NFTs zumindest einen eigentumsähnlichen Rechtsschutz genießen, wenn

man dem Inhaber bestimmte Beseitigungs-, Unterlassungs- und Schadensersatz-ansprüche zugesteht. Das ist auch unter dem jetzigen BGB denkbar.

Insgesamt klingen NFT noch wie ein Spielzeug für reiche Nerds und Digital-Unternehmer. Für welche Investoren kommen NFT derzeit überhaupt infrage? Können sich trotz der vielen offenen Fragen NFT langfristig zu einer Assetklasse entwickeln, die auch für eine breitere Zielgruppe interessant ist? Oder muss hier zuvor der Gesetzgeber tätig werden?

Markus Kaulartz: Es steht außer Frage, dass NFTs Investitionen in zahlreiche neue Assetklassen ermöglichen werden. Hierfür bedarf es aber noch einer gewissen Adaption durch Banken und traditionelle Verkaufsplattformen. Die Commerzbank hat bereits angekündigt, zusammen mit der Deutschen Börse in das Unternehmen 360X zu investieren und damit in den Handel von NFTs einzusteigen. Auch Ebay ermöglicht neuerdings den Verkauf von NFTs.

Hier schwingt noch ein „aber" mit …

Markus Kaulartz: Die rechtliche Komponente darf nicht außer Betracht gelassen werden, es muss genau geregelt werden, welche Rechte mit dem Kauf eines NFTs verbunden sind und wie etwa die Urheber an einem Werk vom Weiterverkauf profitieren. Zudem ist eine Klarstellung der finanzrechtlichen Anforderungen durch die BaFin erforderlich.

Zur Nachverfolgung der enthaltenen Literaturhinweise siehe https://www.springerprofessional.de/blockchain/kryptowaehrungen/-nfts-werden-zahlreiche-neue-assetklassen-ermoeglichen-/19171290

„RPA hat ein hohes Potenzial für das Controlling": Finanzbuchhaltung

Angelika Breinich-Schilly

Interviewt wurde: Professor Dr. Christian Langmann lehrt Controlling und Rechnungswesen an der Hochschule München und berät Unternehmen bei der Digitalisierung des Controllings (Abb. 1).

Während Konzerne schon lange mit automatisierten Prozessen in der Finanzabteilung arbeiten, stehen kleine Betriebe oft erst am Anfang. Wie die Umsetzung funktioniert, erklärt Springer-Autor Christian Langmann im Gespräch.

Springer Professional: Können Sie uns kurz einen Überblick geben, wie weit die deutschen Unternehmen bei der Digitalisierung im Bereich Controlling und Rechnungswesen überhaupt sind? Ist der Einsatz von RPA-Software dort eher die Regel oder noch die Ausnahme?

Christian Langmann: Die Digitalisierung verändert den Bereich Controlling und Rechnungswesen in einer ganzen Reihe von Dimensionen. Am offensichtlichsten ist die Einführung neuer Technologien wie Big Data, Predictive Analytics oder Robotic Process Automation (RPA). Hierbei zeigen Studien, dass Unternehmen der Digitalisierung und ihren Technologien zwar ein hohes Potenzial für das Controlling und Rechnungswesen zuschreiben. Allerdings stehen viele Unternehmen, vor allem die kleinen und mittleren, hierbei aber erst am Anfang oder haben noch keine konkreten Projekte umgesetzt.

Haben Sie hierzu Zahlen?

Eine gerade veröffentlichte Studie von Pwc zu RPA im Rechnungswesen verdeutlicht den Zusammenhang: Hiernach haben zwar mehr als die Hälfte (54 %) der befragten Unternehmen aus Deutschland, der Schweiz und Österreich bereits RPA im Einsatz, aber der Großteil nutzt dabei nur wenige Roboter und setzt

Abb. 1 © Christian
Langmann

RPA somit noch nicht breitflächig ein, sieht aber gleichzeitig Potenziale für den weiteren Ausbau.

Für welche Aufgaben sind die speziellen RPA-Programme besonders sinnvoll? Haben Sie ein praktisches Beispiel für uns?
Grundsätzlich eignet sich RPA vor allem für repetitive, stabile und standardisierte Prozesse, die keine oder wenig Ausnahmen haben und hohe Datenmenge bearbeiten. Da Roboter die menschliche Interaktion mit Applikationen nachahmen, muss es sich um Prozesse oder Prozessschritte handeln, in denen mit digitalen Applikationen und Systemen gearbeitet wird und keine analogen Schritte vollzogen werden, wie etwa Berichtsergebnisse zu diskutieren. Häufig setzen Unternehmen Roboter im Controlling und Rechnungswesen für das Standard-Reporting ein. Das Reporting wiederholt sich regelmäßig, zum Beispiel täglich oder monatlich, ist stabil und standardisiert mit wenig Ausnahmen, das heißt, es greift immer auf die gleichen Daten und Systeme zu, und verarbeitet oft hohe Volumina.

Können Sie uns kurz erläutern, wie die Einführung von RPA im Finance-Bereich typischerweise abläuft?
Die Einführung startet typischerweise mit einem kleinen Team, das einen Proof-of-Concept (PoC), also einen Piloten durchführt. Hierbei wird RPA am Beispiel eines bekannten Prozesses aus dem Controlling und Rechnungswesen verprobt. Ein bekanntes Pharma-Unternehmen hat zum Beispiel das tägliche Vertriebsreporting hierfür herangezogen, das aus einer Vielzahl von Systemen gespeist wurde. Erst nach erfolgreichen PoC startet die eigentliche Einführung von RPA mit der Prozessauswahl, der Auswahl der RPA-Plattform, dem Operation Model, der Governance, dem Change Management und vielem mehr.

Wo liegen die größten Herausforderungen dabei?
In der Regel liegen die größten Herausforderungen bei der Einführung von RPA nicht im technischen Bereich, sondern bei nicht-technischen Faktoren wie dem Zustand der vorliegenden Prozesse oder der Überzeugung von Mitarbeitern.

Müssen Mitarbeiter um ihren Arbeitsplatz fürchten, wenn der Roboter ihnen tägliche Routineaufgaben abnimmt? Wie wandelt sich ihr Arbeitsalltag in der Praxis?
Unternehmen versprechen sich durch den Einsatz von RPA Effizienzgewinne, was nicht automatisch mit dem Abbau von Arbeitsplätzen gleichzusetzen ist. Vielmehr müssen sich Mitarbeiter darauf einstellen, dass sie künftig mit Robotern zusammenarbeiten. Dabei übernimmt der Roboter heute die repetitiven, einfachen Prozessschritte, wie zum Beispiel Massenbuchungen, Rechnungserstellung und -versand, und bindet den Mitarbeiter bei Ausnahmen oder komplexen Entscheidungen, etwa im Fall von unklaren Buchungsanweisungen, mit ein. Der Mitarbeiter entscheidet dann über den nächsten Schritt und übergibt den Prozess zurück an den Roboter.

Was bedeutet die Umstellung auf RPA-Programme für das Fachwissen in den Controlling- und Buchhaltungsabteilungen?
Wird RPA breitflächig ins Controlling und Rechnungswesen eingeführt, verändern sich bestehende Prozesse sowie Arbeitsschwerpunkte und erforderliche Kompetenzen der Mitarbeiter. Diese benötigen dann zumindest grundlegende Kenntnisse und Kompetenzen in RPA, alleine schon um die Anwendungsmöglichkeiten und Grenzen der Technologie zu kennen.

Brauchen die Unternehmen bestimmte Entwicklungs- und Bildungsstrategien für ihre Beschäftigten?
Durch die Einführung von RPA werden aber auch ganz neue Rollen und Aufgabenfelder geschaffen, auf die einige Unternehmen schon heute mit neuen Fortbildungsstrategien reagieren. Ein großes Logistik-Unternehmen hat im Rechnungswesen beispielsweise die Rolle eines Automatisierungsexperten geschaffen, die eigens ausgebildet werden. In dieser Rolle sollen Mitarbeiter unter anderem in die Lage versetzt werden, etablierte RPA-Lösungen technisch zu warten und damit eine Art „First Level Maintenance" durchzuführen.

Zur Nachverfolgung der enthaltenen Literaturhinweise siehe https://www.spr ingerprofessional.de/finanzbuchhaltung/datenmanagement/-rpa-hat-ein-hohes-pot enzial-fuer-das-controlling-/18090494

Was Sie aus diesem *essential* mitnehmen können

- Tipps für moderne Führungskonzepte wie etwa Shared Leadership
- Erfolgversprechende Strategien zur Implementierung resilienter Strukturen für mehr Erfolg und Wachstum
- Hilfestellung zur rechtlich sauberen Arbeitszeitmessung und Überstundenvergütung

© Springer Fachmedien Wiesbaden GmbH, ein Teil von Springer Nature 2022
A. Amerland et al., *Best of springerprofessional.de: Wirtschaft im Gespräch*,
essentials, https://doi.org/10.1007/978-3-658-39452-3

Printed in the United States
by Baker & Taylor Publisher Services